SUR LE

COMBAT DE MELEGNANO

8 JUIN 1859.

SUR LE

COMBAT DE MELEGNANO

8 JUIN 1859

PAR

FR. DE LA FRUSTON.

AVEC DEUX PLANS.

PARIS
LIBRAIRIE MILITAIRE, MARITIME ET POLYTECHNIQUE
J. CORRÉARD, éditeur,
PLACE SAINT-ANDRÉ DES ARTS, 3,
Maison de la Fontaine Saint-Michel.

1862

SUR LE

COMBAT DE MELEGNANO

8 JUIN 1859

Par Fr. DE LA FRUSTON.

Avec deux plans.

La *Gazette Militaire autrichienne* (Oesterreichische Militarische Zetischrift), 1er cahier, 2e année, n° 12 (1ère livraison du 1er vol., de la 2e année), donne, du sanglant combat de Melegnano, une description aussi intéressante qu'instructive, qu'elle affirme être appuyée sur des documents et des sources authentiques. Nous croyons devoir la reproduire dans son ensemble et dans ses détails essentiels :

« L'armée autrichienne, engagée, à la suite de la malheureuse bataille de Magenta, dans une retraite que l'ennemi n'incommoda point, était arrivée en partie sur l'Adda : là, elle avait reçu du commandant en chef l'ordre de faire halte ; elle devait profiter de circonstances favorables, s'il s'en présentait, pour entreprendre un mouvement offensif contre Milan.

« Le 7ᵉ et le 8ᵉ corps, avec la division du feld-maréchal-lieutenant comte Montenuovo et la division de cavalerie de réserve du feld-maréchal-lieutenant comte Mensdorff, formaient à Lodi l'aile droite de l'armée; l'extrême flanc droit était couvert par la brigade du général-major Teuchert, qui avait formé la garnison de Milan, et par la division du feld-maréchal-lieutenant baron Urban. Landriano était occupé par la brigade du général-major Ramming, du 3ᵉ corps d'armée.

« Le feld-maréchal-lieutenant de Benedeck, commandant l'aile droite en question, avait, le 7 juin, pendant la marche de Landriano à Lodi, laissé à Melegnano la brigade Roden de la division du feld-maréchal-lieutenant de Berger du 8ᵉ corps d'armée, avec ordre de mettre, autant que possible, cette dernière localité en état de défense et de la maintenir comme position d'arrière-garde contre des forces ennemies qui ne seraient très-supérieures.

Pour pouvoir éclairer plus facilement et dans un plus grand rayon le terrain du côté de Milan et sur les deux flancs, la brigade reçut 'appui d'un et demiescadron du 1er régiment de hussards Empereur François-Joseph et des divisions du 6e régiment de dragons comte Horvath.

« Le feld-maréchal-lieutenant de Berger, qui était chargé de l'exécution de cette tâche, avait pris, dès le 7, les mesures les plus nécessaires pour rendre Melegnano plus facile à défendre.

« On munit de banquettes les murs du cimetière, situé en avant de Melegnano, on abaissa le niveau de la route à cette hauteur, on construisit une barricade, on barricada également les abords et accès tournés vers l'ennemi ; en particulier, on éleva à l'entrée, sur la route principale, une jetée de terre pour couvrir une demi-batterie qu'on voulait y dresser ; enfin, on perça des meurtrières dans les murs qui forment en partie l'enceinte du lieu, ainsi que dans ceux du château.

« Il n'était pas possible d'en faire davantage pour le moment. Pour mettre en état de défense Melegnano, qui est accessible de tous les côtés, il aurait fallu du temps et des ressources qui manquaient totalement.

« De plus, comme il a déjà été dit, le plan primitif excluait une défense opiniâtre contre un ennemi supérieur ; par là même il excluait toute fortification qui ne correspondait pas à ce but.

« Le 7 juillet au soir, Melegnano fut occupé par la brigade du général-major Roden, alors commandée par le colonel de Nowey, et composée comme suit :

« 2e bataillon du 4e régiment frontière Szluines ;

« 11e régiment d'infanterie prince royal de Saxe (4 bataillons).

« 10e batterie de cavalerie (8 pièces).

« Les bataillons de grenadiers du régiment prince royal de Saxe avaient chacun 4 compagnies, les autres bataillons en avaient 6.

« Le 3e bataillon prince royal de Saxe et une division du 2e bataillon étaient chargés de défendre le front tourné vers Milan ; une compagnie du 2e bataillon occupa le cimetière, une demi-compagnie occupa la Casa-Majocca. La première devait empêcher l'enlèvement de la barricade qui obstruait la route à neuf cents pas environ de la petite ville. 4 compagnies du 2e bataillon avaient occupé la partie de la ville tournée vers Landriano. Le bataillon de grenadiers du même régiment s'établit comme réserve sur la place, près de la principale église. Cette réserve avait la mission particulière de maintenir à tout prix le pont du Lambro et de ne se retirer que lorsque les autres divisions auraient effectué leur retraite. Quatre des bouches à feu de la 10e batterie de cavalerie du 2e régiment d'artillerie furent dressées à la sortie de la ville, en arrière de la levée de terre couvrante dont il a été parlé plus haut. Une compagnie du 1er bataillon prince royal de Saxe avait occupé les maisons derrière le pont de Lambro.

« Les cinq autres compagnies de ce bataillon, le 2e bataillon du 4e régiment d'infanterie frontière Szluines, une division du 6e régiment de dragons comte Horvath, cinq pelotons du 1er régiment de hussards Empereur François-Joseph et la demi-batterie n° 10 du 8e régiment d'artillerie étaient placés comme réserve générale à l'est de Melegnano, au point désigné dans le plan ci-joint.

« L'extrême ligne d'avant-poste s'étendait par Mezzana, San-Brera et Colturano. A Pedriana, à Osteria-Rampina et à Rocca-Pierra se trouvaient les postes destinés à recevoir les troupes qui battraient en retraite; celui d'Osteria-Rampina était composé d'un peloton de cavalerie, les deux autres chacun d'une demi-compagnie d'infanterie. En outre, il y avait une aile de cavalerie poussée dans la direction de Milan, jusque sur la hauteur de Zivido, et une patrouille de pied ferme était placée à Robbiano.

« Il était arrivé des renseignements dans le quartier-général français sur les préparatifs de défense ; mais les ennemis s'en étaient fait une idée exagérée. De graves soucis préoccupaient l'Empereur au milieu des jubilations de triomphe des Milanais. Les préparatifs de défense qui avaient été exécutés à Melegnano avaient-ils pour but de couvrir la retraite d'une armée battue, ou bien étaient-ils destinés à servir de point d'appui pour une grande contre-attaque offensive sur la capitale de la Lombardie ? Voilà le doute qui partageait l'esprit de l'Empereur.

« Cependant, appréciant avec justesse l'état des choses, il n'hésita pas une minute à prendre les mesures nécessaires pour déjouer les projets de l'ennemi, quels qu'ils fussent. A cet effet, il donna, le 8 juin, au maréchal Baraguey-d'Hilliers, de vive voix, l'ordre de prendre Melegnano le jour même et d'en chasser l'ennemi, avant que celui-ci eût le temps de s'entourer de sérieux ouvrages de fortification. Déjà, la veille, Baraguey-d'Hilliers avait reçu l'ordre de quitter sans retard San-Pietro-l'Olmo, de passer par Milan et de s'établir sur la route de Melegnano, près de San-Donato ou de San-Giuliano, pour être prêt à appuyer le maréchal Mac-Mahon, qui, de son côté, fut également dirigé de Milan vers Melegnano.

« Le but de cette marche était de couper les troupes autrichiennes qui se retiraient de Binasco et de Landriano sur Lodi.

« Des renseignements ultérieurs avaient décidé l'Empereur, le 8 juin, à ordonner au maréchal Baraguey-d'Hilliers d'enlever Melegnano, et de mettre le maréchal Mac-Mahon sous les ordres du premier.

« Baraguey-d'Hilliers, en suite de cette mission, se transporta, sans tarder, à San-Martino pour se réunir avec Mac-Mahon dont le corps avait pris les devants.

« Baraguey-d'Hilliers fit des dispositions de la plus vaste échelle. En fait, elles avaient pour but de conquérir une position occupée par environ 4,500 Autrichiens. Mais il est juste de dire que les Français ne connaissaient pas cette circonstance, et qu'ils supposaient plutôt que Melegnano était occupé par tout un corps d'armée ennemi.

« Nous croyons devoir maintenant consacrer

quelques lignes à la description du terrain et des lieux.

« La chaussée qui conduit de Milan à Lodi, par Melegnano, est en général plane et unie ; mais, encaissée entre de grands fossés latéraux pleins d'humidité, elle forme un long défilé : les terres adjacentes sont en général des prairies difficilement praticables et jouissant d'un horizon peu étendu.

En partant de Milan par cette route, on sort par la Porta-Romana. La voie est, au commencement, large de seize pas, garnie d'une double rangée d'arbres et suit en général une ligne droite dans une direction sensiblement sud-est. Plus loin, la largeur du chemin diminue de manière à n'avoir plus que trois pas ; désormais la route est côtoyée par le canal Redefosso, qui a de vingt-cinq à trente pieds de largeur sur deux à trois pieds de profondeur, et qui coule entre des rives hautes de douze à quinze pieds. La partie de route qui va jusqu'à Melegnano passe près des groupes de maisons de San-Donato et de San-Giuliano et détache plusieurs bons chemins vers des localités voisines.

« Melegnano est une petite ville d'une étendue considérable, formant un grand nombre de groupes de maisons irréguliers ; elle a en général des rues larges et pavées, et elle est accessible par plusieurs chemins.

« Le Lambro la divise en deux parties ; la rivière est couverte d'un beau pont en arches, muré.

« Dans celle des deux parties qui est la plus grande, il y a, sur la rive droite de la rivière, un vieux château entouré de trois côtés d'un fossé et précédé d'un espace libre. Ce bâtiment peut être de quelque importance pour la défense intérieure.

L'entrée de Melegnano, du côté de Milan, peut être empêchée pendant un peu de temps ; ce résultat momentané peut être obtenu surtout par l'emploi de quelques canons qui balaient complètement la route. Un mouvement en avant, partant d'un point situé en dehors de la route, rencontrerait de grandes difficultés dans le terrain coupé. Pour cette défense momentanée, le cimetière adjacent à la chaussée peut être d'un grand secours. Il a 100 pieds carrés (10 m. c.) et des murs hauts de 6 pieds ; au nord il est défendu par un fossé.

« Pour les autres bâtiments de cette localité, il n'est pas possible de les former en ligne de défense favorable ; de plus, ils ont tous à leur front un terrain très-couvert.

« De Melegnano à Lodi, la chaussée, large de quatorze pas, se prolonge entre de grands fossés latéraux, qui empêchent d'en déboucher par ailleurs que par les nombreuses bonnes routes qui s'en détachent.

« Près du groupe de maisons de Tavazzano, on passe le Silero, large de cinq pieds, profond de deux pieds, sur un pont muré horizontal; au sortir du pont, on arrive à une auberge isolée sur la Muzza. On passe le canal par un vieux pont massif de pierre et de brique, soutenu par deux piliers, bardé de deux murs en parapet de deux pieds de haut; la voie du pont, qui a cinquante pas de long sur huit de large, est horizontale.

« Tout à côté de ce pont, et parallèlement, coule le canal de Codogna, également passable par un pont en pierre.

« De là il suit que toute la largeur d'eau à passer est de cent pas. Cette largeur d'eau, ne pouvant être passée en général que sur des ponts et ne pouvant l'être par des hommes isolés qu'à gué, on acquiert ainsi la possibilité d'arrêter, par la défense du pont et des lieux immédiatement adjacents, les progrès ultérieurs de l'ennemi par la chaussée.

« Après avoir ainsi esquissé la disposition de

la brigade Roden dans Melegnano, il nous reste encore à dire que le commandant du 8e corps d'armée, feld-maréchal-lieutenant de Benedeck, après avoir reçu, le 8 au matin, du commandant en chef, l'ordre de maintenir encore Melegnano par la brigade Roden, en vue d'une attaque offensive éventuelle sur Milan, avait envoyé la brigade de Boer, comme réserve, soutenir la brigade Roden, dont la position devenait de plus en plus critique par suite de l'arrivée de l'armée ennemie à Milan.

« Le feld-maréchal-lieutenant de Berger, sous le commandement duquel ces deux brigades étaient réunies, fut chargé de défendre Melegnano en proportion de l'augmentation des troupes mises à sa disposition, mais de battre en retraite devant un ennemi supérieur, derrière la Muzza.

« La brigade du général-major Boer de la division du feld-maréchal-lieutenant Lang, du 8e corps, était composée comme suit :

« 3e bataillon de chasseurs ; 39e régiment d'infanterie dom Miguel ; 9e bataillon de cavalerie (8 pièces) (1) ; 3e et 4e divisions du 1er régiment de

(1) Le bataillon de grenadiers du régiment dom Miguel était à quatre compagnies ; les autres bataillons étaient à six compagnies.

hussards Empereur François-Joseph (1 3/4 d'escadron); 1 escadron de la division de cavalerie du feld-maréchal-lieutenant comte Mensdorf, et 1 escadron de la brigade du maréchal-major prince de Holstein du 6e régiment de dragons baron Horvath.

« Total des combattants des deux brigades autrichiennes : 10 bataillons d'infanterie, 3 3/4 escadrons de cavalerie, 16 bouches à feu (1).

« Total des combattants des troupes françaises :

« Corps du maréchal Baraguey-d'Hilliers :

« 41 bataillons d'infanterie, 16 escadrons de cavalerie, 66 bouches à feu.

« Corps du maréchal Mac-Mahon :

« 25 bataillons d'infanterie (nous ne comprenons pas le 1er régiment étrangers qui était détaché), 8 escadrons de cavalerie, 48 bouches à feu.

« Total des forces françaises : 66 bataillons, 24 escadrons, 114 bouches à feu.

Le feld-maréchal de Benedeck, dans l'attente d'une attaque de la part de l'ennemi, se rendit de sa personne à Melegnano et y resta jusqu'à trois heures du soir. Toutefois, comme à cette heure on

(1) Le 3e bataillon dom Miguel et le 3e bataillon de chasseurs avaient perdu du monde à Montebello.

n'avait encore avisé que des patrouilles ennemies, et non des colonnes, et que, par conséquent, il ne paraissait pas vraisemblable que l'ennemi fît un mouvement d'attaque pendant les heures de la plus grande chaleur, il retourna au gros des forces qui étaient provisoirement placées sous son commandement et où il avait à donner des ordres importants.

« Passant aux phases proprement dites du combat, nous allons maintenant poursuivre la marche en avant des Français.

« Nous avons déjà dit que le 1er corps français était chargé d'exécuter l'attaque directe. Le général Forey devait tomber sur le flanc gauche des Autrichiens, le général Ladmirault sur le flanc droit, tandis que la division Bazaine devait attaquer Melegnano par le front en suivant la grande route. Le maréchal Mac-Mahon, avec le 2e corps, devait tourner Melegnano, en décrivant un grand cercle, et, en arrière de cette position, barrer la route de retraite des Autrichiens.

« Vers trois heures du soir, les troupes du 2e corps, qui devaient prendre part au combat, se trouvaient réunies près de San-Donato.

« Le maréchal Mac-Mahon avait mis en mouvement, dès deux heures, la division Decaen qui avait le plus long trajet à faire et qui devait atteindre Mediglia, en passant par Trivulzo, Morsenchio, Linate, Biassano, Robbiano et Triginta. C'est là qu'elle devait attendre jusqu'à ce que la division La Motte-Rouge fût mise en ligne pour continuer ensuite son mouvement en avant.

« A quatre heures, cette division, avec laquelle se trouvait le maréchal lui-même, reçut l'ordre de partir. On avait tardé jusqu'à ce moment, parce qu'on voulait attendre l'arrivée des têtes de colonne de la division Ladmirault, du 1er corps.

« Ce retard, quelque justifié qu'il puisse avoir été par suite de l'ignorance de l'état réel des choses, fut, comme nous le ferons voir plus loin, éminemment avantageux aux Autrichiens ; car il fut en partie cause que le 2e corps français se trouva dans l'impossibilité d'exécuter son projet d'anéantir l'armée autrichienne.

« Le maréchal Mac-Mahon exécuta rapidement sa marche sur San-Giuliano qu'il croyait encore occupé par l'ennemi, mais qui était complètement évacué.

« La colonne du 2e corps quitta la grande route pour marcher dans la dirction de Carpianello et de la Cascina-Barona et faire, près de Mediglia, sa jonction avec la 2e division.

« Les avant-postes de la brigade Roden avaient, dès avant midi, donné le renseignement que des patrouilles françaises se montraient, à mi-chemin, entre Milan et Melegnano.

« A trois heures du soir, la brigade Boer arriva à la Casa-Bernarda et s'y mit au bivouac; elle venait de recevoir du feld-maréchal-lieutenant de Berger l'ordre de ne pas pousser plus loin et de rester à cette hauteur comme réserve.

« Vers cinq heures, l'aile avancée sur la route magistrale, du côté de Milan, fit savoir que l'ennemi approchait par San-Giuliano. C'était l'avant-garde de la division Bazaine qui, après avoir quitté San-Giuliano, avança rapidement et se trouva bientôt en face de Melegnano.

« Sur ces entrefaites, on avait aussi reçu des avant-postes, établis à Mezanzo et à Rocca-Brissa, avis que l'ennemi était en marche vers le Lambro.

« La patrouille de cavalerie établie à Robbiano avait déjà été forcée auparavant, par une division ennemie supérieure, à se retirer.

« A cinq heures trois quarts, le combat entre les tirailleurs ennemis et les avant-postes autrichiens était engagé. Ceux-ci se retirèrent lentement vers Melegnano, toujours en combattant et faisant subir de grandes pertes à l'ennemi par un feu bien dirigé.

« L'aile gauche et le centre autrichiens furent repoussés ; l'aile droite ne commença que plus tard son mouvement rétrograde. Les Français dressèrent 6 bouches à feu à quatorze cents pas de distance de Melegnano et commencèrent un feu continu sur la batterie autrichienne établie à l'entrée de la ville ; mais, à cette distance, ce feu fut de nul effet ; aussi les canons autrichiens n'y répondirent pas d'abord.

« Cependant les canons français s'avancèrent à neuf cents pas de distance, jusqu'à la barricade ci-dessus, construite sur la route. A ce moment, la demi-batterie autrichienne, commandée par le capitaine Winterstein, à l'entrée du bourg, ouvrit son feu avec un succès tel, que l'ennemi, au bout de quelque temps, fut obligé d'arrêter le sien, et que la route était couverte de morts.

« En même temps que la division Bazaine, sur la route magistrale, le général Forey, à la tête de sa division, s'était avancé par Civesio et Viboldone à Mezzano, qui venait d'être abandonné par les avant-postes autrichiens.

« Les Français continuèrent leur marche sur ce terrain pénible jusqu'à Pedriano et occupèrent ce village par le 74ᵉ et 84ᵉ régiments de ligne, pendant que le 17ᵉ bataillon de chasseurs à pied, décomposé en tirailleurs couvrait l'opération de la mise en batterie de 12 canons, qui, plus tard, prenant Melegnano de flanc, ouvrirent leur feu.

« Les Autrichiens n'avaient pas d'artillerie à opposer à ces 12 pièces françaises; car la brigade Roden n'avait que 8 pièces, dont 4 placées à l'entrée du bourg et très-occupées, et 4 en réserve derrière Melegnano.

« Les 4 premières pièces firent de grands ravages dans la colonne française du milieu qui était prise, tout à la fois, de front et de flanc. Les hommes de cette demi-batterie avaient déjà donné, le matin du même jour, une belle preuve de leur soif de combat en demandant à rester à leur poste, sans être relevés, en vue du combat qui était en perspective, demande qui leur fut naturellement accordée.

« Toutes les relations et tous les témoins oculaires sont d'accord pour dire que le feu ennemi fut à peu près sans résultat, parce que tous les projectiles passèrent à une trop grande élévation. Et, en effet, dans le cas contraire, on ne concevrait pas que la demi-batterie, qui défendait l'entrée, eût pu tenir aussi longtemps qu'elle l'a fait. C'est contre cette demi-batterie que les Français dirigèrent leurs plus grands efforts; deux fois même, des divisions de cavalerie firent de vaines tentatives pour gagner du terrain sur la route magistrale. Pendant que s'exécutait cette manœuvre qui n'est guère concevable, le général Goze, commandant la brigade d'avant-garde française, fit déposer les sacs, et, pendant que des compagnies de zouaves s'avançaient vers Melegnano en compactes chaînes de tirailleurs, le colonel Paulze d'Yvoy, avec le reste du 1er régiment de zouaves, soutenu du 34e régiment de ligne commandé par son colonel Bordas, s'élança à l'assaut.

« Ces colonnes s'avancèrent le long de la route, dans un terrain où elles étaient couvertes par la haute culture des champs, et en débouchèrent à environ quatre cents pas de l'entrée du bourg, pour prendre d'assaut les canons autrichiens.

« Des boulets et de la mitraille éclaircirent les rangs des hardis attaquants, et leur tentative fut deux fois repoussée.

« Le feld-maréchal-lieutenant de Berger était

là, déployant un inébranlable sang-froid, malgré une contusion qu'il avait reçue au visage, prêchant de l'exemple la bravoure aux troupes tenant tête, au milieu d'une épaisse grêle de balles, à peine à la distance de soixante à quatre-vingts pas, à des ennemis supérieurs en nombre.

« Le lieutenant-colonel Wiedemann, du régiment d'infanterie prince royal de Saxe, qui, au centre, dirigeait, avec un sang-froid imperturbable, la défense en première ligne, conduisit les compagnies de son bataillon, baïonnette en avant, sur l'ennemi qui se précipitait à l'assaut. Le cheval sur lequel il est monté tombe sous lui ; il entre à pied dans les rangs de ses braves, et, se plaçant à leur tête, avec le drapeau du bataillon à la main, il s'avance à l'assaut.

« Atteint de deux coups de baïonnette, au milieu de la plus épaisse mêlée, le brave officier d'état-major, mis hors de combat, tomba, plus tard, comme prisonnier, entre les mains de l'ennemi. Son aide-de-camp, le lieutenant-colonel Rübsamen, qui montra la même bravoure à côté de lui et reçut plusieurs blessures graves, eut le même sort.

« Le choc fut exaspéré et sanglant ; les deux

parties combattirent avec l'enthousiasme qui dédaigne la mort.

« Les Français conquirent la barricade dès le premier assaut; il est inutile d'expliquer le résultat : le rapport des forces respectives et la durée constatée de deux heures de combat parlent assez haut.

« S'il y avait un reproche à faire à une troupe qui a combattu avec autant d'opiniâtreté, ce serait celui d'une bravoure excessive.

« Ce qui explique en partie sa résistance outrée contre un ennemi tellement supérieur que toute effusion de sang était en pure perte, c'était la difficulté de se faire une idée d'ensemble des forces ennemies au milieu d'un terrain coupé et couvert. D'un autre côté, la bravoure et l'enthousiasme se font facilement illusion sur le nombre des ennemis, et ne renoncent au combat, une fois engagé avec des forces supérieures, qu'à la dernière extrémité.

« En même temps que l'assaut sur l'entrée principale, se firent aussi, par les Français, des assauts répétés sur le cimetière défendu par une compagnie d'Autrichiens qui firent subir à l'ennemi des pertes cruelles. Pendant que ces évènements se passaient sur la route magistrale, le combat était aussi devenu très-violent tout le long de la ligne de défense de Melegnano.

« L'ennemi fut accueilli par une formidable fusillade partant des maisons qui, des deux côtés de la chaussée, précédent l'entrée du bourg, et des murs du jardin situé à l'aile gauche du front de défense et faisant partie de la ferme de San-Francesco ; il tombait par masses entières. Néanmoins, il gagnait toujours du terrain, à mesure que lui arrivaient de nouveaux renforts, et s'avançait au pas de charge ; les soutiens et les réserves autrichiens repoussèrent l'assaut à la baïonnette, et il en résulta une mêlée des plus acharnées.

« Le lieutenant en premier, Sedlaczek, qui, quand le capitaine Vandeveld fut tué, prit le commandement de la division composée de la 13e et de la 14e compagnies du 11e régiment d'infanterie prince royal de Saxe, et placée près de l'entrée principale du côté de Milan, avait été blessé antérieurement par un coup à la main droite. Tenant le sabre de la main gauche, il mena héroïquement sa division à l'assaut. Ayant été aussi blessé à la main gauche, et ne pouvant plus porter ni arme ni drapeau, il conduisit encore une fois sa troupe à l'assaut ; il y reçut deux nouvelles blessures de coup de feu et dut être emmené par ses soldats. Peu d'hommes de cette brave troupe revinrent du combat.

« Pendant que les Français, soutenus par l'infanterie et l'artillerie de la division Forey qui s'était avancée jusqu'à Pedriano, faisaient sur la route magistrale des efforts gigantesques pour s'emparer des abords de Melegnano, l'attaque, sur l'extrême aile droite des Autrichiens, avait aussi commencé.

« Sur ce point, le capitaine Clanner, du 11e régiment de ligne prince royal de Saxe, occupait avec une division le groupe de maisons en avant du bourg.

« La division Ladmirault, qui se dirigeait de ce côté en passant par San-Brera, s'était partagée en deux colonnes.

« La 2e brigade, sous les ordres du général Négrier, devait s'avancer parallèlement à la route magistrale, dans la direction de Carpianello et de San-Brera, pour former la réserve de la brigade Niol qui avait ordre de tourner Melegnano par la gauche.

« Ayant un très-long trajet à faire, la brigade Négrier partit une demi-heure avant la brigade Niol.

« Celle-ci, conduite par le général Ladmirault

lui-même, suivit la 1re division du 2e corps jusqu'à San-Giuliano et tourna ensuite à gauche dans la direction de San-Brera. Elle ne put avancer qu'avec peine; car son mouvement était arrêté par de nombreux fossés remplis d'eau, parmi lesquels surtout celui de Rocca-Brivia, dont le feld-maréchal-lieutenant de Berger enleva le pont.

« Elle dut laisser son artillerie en arrière, ainsi qu'une partie du 21e régiment de ligne pour la couvrir.

« Le capitaine Bonneau de Beaufort prit quelques compagnies du 10e bataillon de chasseurs à pied et les fit avancer en tirailleurs, à travers les plantations, contre les avant-postes autrichiens qui se retiraient de Rocca-Brivia.

« Arrivé sur les hauteurs de San-Brera, le général Ladmirault entendit le feu d'artillerie de la colonne du milieu ; mais il se trouva dans l'impossibilité d'appuyer l'attaque principale, parce qu'il ne pouvait pas disposer de son artillerie, restée en arrière par suite de difficultés insurmontables.

« Il fit avancer le 10e bataillon de chasseurs à pied contre le groupe de maisons en avant de Melegnano, qui était occupé par deux compagnies du 11e régiment d'infanterie prince royal de Saxe.

« A cette attaque, les Français subirent des pertes énormes ; car les Autrichiens les reçurent dans une position couverte : deux assauts des chasseurs ennemis furent repoussés avec la plus grande bravoure. Mais, sur ces entrefaites, le 15e régiment de ligne français s'était aussi avancé et prit les maisons de Melegnano à sa droite.

« Ce débordement et un nouvel assaut exécuté avec des forces supérieures décidèrent enfin le capitaine Clanner à renoncer à sa position avancée et à se retirer sur Melegnano. Il fut repoussé avec de très-grandes pertes; presque tous les officiers de cette division, la plupart blessés, devinrent prisonniers de l'ennemi.

« Le 15e régiment de ligne français continua d'avancer vers le Lambro et parvint, sans rencontrer d'obstacles ultérieurs, à la rive droite escarpée de la rivière. Les officiers se répandirent dans toutes les directions pour trouver un pont ou tout autre moyen de passage ; mais impossible de rencontrer même une barque.

« Le général français ordonna au colonel Guérin, du 15e régiment, de faire sonder la profondeur de la rivière pour la passer à gué, s'il était possible.

« Le tambour-major du 15e régiment, homme

d'une taille gigantesque, se jette à la rivière ; mais, à peine a-t-il fait quelques pas, que l'eau lui monte jusqu'aux épaules ; le gué n'est pas praticable.

« Le feld-maréchal-lieutenant de Berger avait eu soin de détacher à Li Capuccini une compagnie de grenadiers et une compagnie du premier bataillon pour observer le flanc droit. Il fallait renoncer à y envoyer un plus grand détachement, bien qu'il parût vraisemblable que l'ennemi cherchât à tourner la position par ce côté, autrement la brigade se trouverait trop morcelée et l'on n'aurait pas eu une assez forte réserve pour le cas échéant.

« Avant de décrire le moment fatal où le centre autrichien succombant, malgré des efforts héroïques, contre une formidable supériorité numérique, fut forcé de battre en retraite, nous devons encore exposer, en quelques mots, les évènements qui eurent lieu à l'aile gauche du front de défense autrichien.

« Le major Heller, avec le 2e bataillon du 9e régiment de ligne prince royal de Saxe, était établi à cette hauteur ; sous lui, en première ligne, le capitaine Seewald, avec une division, à la ferme de San-Francesco, munie d'un mur de jardin à l'abord. Les divisions d'appui de cette section occupaient aussi la route de jonction à l'entrée principale de Melegnano, du côté de Milan ; les réserves étaient établies dans le château et l'église, à la sortie de Melegnano, du côté de Landriano.

« La communication avec le 3e bataillon était établie par le capitaine Thour, qui tenait le groupe de maisons situé en avant et la Casa-Majocca avec une division du 1er bataillon.

« Nous avons dit plus haut que le général Forey avait fait dresser, à Pedriano, 12 pièces de canon sous la protection d'un bataillon de chasseurs à pied pour soutenir l'attaque de la division Bazaine. Ce bataillon de chasseurs, réuni à des divisions du 1er régimentde zouaves et du 33e régiment de ligne, firent sur cette section plusieurs attaques à la baïonnette que soutinrent vaillamment les Autrichiens. Partout ceux-ci opposèrent la résistance la plus opiniâtre, et, transportés par l'exemple de leurs officiers, se précipitèrent à la baïonnette au-devant de leurs ennemis assaillant avec furie.

« Le capitaine Seewald se distingua par la manière opiniâtre dont il défendit la ferme de San-Francesco. Le capitaine Anton Lipp et le lieutenant Jennel furent tués ; les premiers lieutenants Brunswick et Schirmer furent gravement blessés.

Le major Heller, qui aiguillonnait sur tous les points sa troupe combattante, reçut une légère blessure de balle à la cuisse droite.

« Le combat le plus acharné avait envahi tous les points de la ligne de défense autrichienne ; et leurs braves troupes luttaient en vain contre un ennemi assaillant avec une fureur toujours croissante, lorsque le lieutenant-général de Berger qui, placé au centre de Melegnano, dirigeait cette défense multiple et disséminée, apprit la nouvelle que l'ennemi s'approchait de Melegnano par Mediglia.

« Il était évident que, si l'ennemi réussissait à gagner du terrain de ce côté, la retraite était coupée à toutes les divisions qui combattaient en avant. Le feld-maréchal-lieutenant envoya donc dans cette direction son officier d'état-major-général, capitaine Neumann, pour arrêter la marche de l'ennemi. Celui-ci conduisit une compagnie du 1er bataillon et une compagnie de grenadiers à Li Capuccini, où il se lança au-devant de l'ennemi et l'empêcha de pousser plus loin. Plus tard, une division frontière Szuines vint rejoindre le capitaine Neumann.

« Celui-ci remarqua des colonnes du 2e corps français qui approchaient venant de Mediglia à

Balbiano, et exprima au feld-maréchal-lieutenant de Berger que le moment semblait venu de commencer une retraite générale, qui paraissait risquée par suite du mouvement tournant qui était en voie d'exécution.

« Nous décrirons plus loin les mouvements partiels exécutés par le 2e corps français pour tourner les Autrichiens.

« La division Forey avait aussi commencé, par Pedriano, son mouvement tournant dans la direction de Riozzo et de Cerro.

« Une batterie de fusées et 4 bouches à feu (Rohrgeschütze) qui étaient couchées sur des claies et que des témoins oculaires désignaient par l'expression d'obusiers de montagne, avaient été dressées autour de Melegnano, sur une hauteur, à la rive droite du Lambro, et entamaient déjà un feu violent sur la réserve autrichienne ; mais qui ne lui fit pas le moindre dommage.

« Le colonel de Nowey, commandant la réserve principale, fit établir 2 canons sur la rive gauche du Lambro pour répondre à cette artillerie.

« Se voyant peu à peu cerner et étreindre par l'ennemi, le feld-maréchal-lieutenant de Berger ordonna la retraite sur toute la ligne ; il était grandement temps; car l'artillerie ennemie pouvait déjà raser la ligne de retraite.

« Les canons dressés à l'entrée de Melegnano se retirèrent dans le plus grand ordre. Pendant cette opération, un projectile creux de l'ennemi démonta une pièce et couvrit les servants de brûlures, ce qui ne les empêcha pas de l'enclouer au milieu du plus violent feu d'artillerie de l'ennemi.

« Une partie de l'infanterie, qui ne pouvait plus démordre du combat, n'entendit pas le signal de la retraite.

« Le lieutenant en premier Maurice Hauska, par une attaque à la baïonnette exécutée avec la plus grande vigueur à la tête de la 15e compagnie, contribua essentiellement à l'heureuse retraite de l'artillerie.

« Le 1er régiment de zouaves et le 33e de ligne français furent les premiers qui réussirent à pénétrer dans Melegnano.

« Des monceaux de cadavres jonchaient chaque pied de terrain qu'ils conquéraient. Les Français, comme des furieux, se précipitaient dans les baïonnettes en avant des Autrichiens qui ne cédaient pas un pouce aussi longtemps que la résistance était possible de fait, et qui, souvent même, retournaient à la contre-attaque. Au milieu de la boucherie effroyable et du fracas qui l'accompagnait, on n'entendait ni le bruit du tambour, ni le signal du cor, ni le son de la voix.

« Cependant des tirailleurs ennemis, toujours renaissants, étaient entrés dans Melegnano. A cette suprême phase même du combat, où résister c'était succomber, les Autrichiens tinrent bon dans les maisons et aux détours des rues ; l'héroïsme dépensé de la sorte coûta de nombreux sacrifices. Il n'est pas étonnant que le combat, du moment que la retraite devint générale, perdît tout rapport d'ensemble et prît le caractère d'un combat de rues pour finir par une presse concentrée sur le seul pont qui se trouvât à Melegnano.

« A l'aile gauche, le major Heller, avec le bataillon qu'il commandait, fut, après l'abandon de la ligne de défense autrichienne, poussé dans le château où il retarda encore longtemps les progrès de l'ennemi. Quand celui-ci eut réussi à gagner, par d'autres points, l'intérieur de Melegnano, le major Heller, quittant le château et battant en retraite, essaya trois attaques à la baïonnette pour se frayer un passage vers le pont du Lambro. Son bataillon déploya une bravoure indicible ; mais ses tentatives échouèrent. N'y ayant plus de possibilité de percer dans cette direction, l'ennemi attaquant avec une fureur toujours renaissante, le major ramena son bataillon en aval de la rivière, derrière l'artillerie ennemie établie au-dessous de Melegnano, et rejoignit, non sans faire des pertes sensibles, par Riozzo, Cerro et Lodi-Vecchio, la brigade à Lodi, le lendemain matin.

« Quatre compagnies du 3e bataillon et une compagnie de grenadiers, qui avaient été établies à la sortie de Melegnano et qui avaient subi des pertes considérables, se retirèrent, en combattant sans interruption, par le pont du Lambro.

« La Casa-Majocca avait été abandonnée peu après le commencement du combat; le cimetière ne le fut que plus tard.

« Le lieutenant Standeisky recueillit une partie de la division du capitaine Clanner, qui défendait l'extrême aile droite, et la ramena également par le pont du Lambro. Le reste attardé de cette division se sauva en traversant le Lambro à la nage; car, sur ces entrefaites, le pont était tombé au pouvoir de l'ennemi.

« Cette aile droite avait été soutenue par une division du 1er bataillon, comme réserve. Cette division fut engagée dans un combat isolé où elle perdit beaucoup de monde; mais elle put aussi se retirer par le pont.

« La réserve placée à la position principale et qui, à la fin, était réduite à deux compagnies de grenadiers, s'était, par malentendu, retirée trop tôt. Il en résulta, dit-on, que plusieurs divisions qui, dans la fureur du combat, ont tenu trop longtemps, furent coupées du pont de Lambro et faites prisonnières ou taillées en pièces.

« Le capitaine baron de Berg déploya, à la défense de la position, une énergie et une bravoure signalées. Placé à la tête de sa division, il reçut, à la baïonnette, un bataillon français qui chargeait au pas de course et se précipita lui-même sur l'officier d'état-major français qui le commandait. Gravement blessé par une balle à la figure et par une autre au pied, il tomba et ordonna à sa troupe de se retirer.

« Le capitaine Czeczelsky, gravement blessé à l'os des îles, conduisit sa troupe une fois de plus à la charge, et ne se retira que lorsqu'elle fut accablée par le nombre.

« Les drapeaux du 1er et du 2e bataillon du régiment d'infanterie prince royal de Saxe, qui n'étaient gardés que par de petites divisions, étaient extrêmement compromis au milieu de la mêlée générale. Le premier lieutenant Salenfels et le lieutenant-adjudant de bataillon de Rau, accompagnés des porte-étendards et de vingt hommes, tentèrent de les rapporter par le pont du Lambro ; mais, l'ayant trouvé occupé par l'ennemi, ils se dirigèrent, à travers le feu ennemi le plus violent, en aval de la rivière, la traversèrent à la nage et rapportèrent les guidons aux bataillons. Il n'y eut que six hommes qui atteignirent avec eux la rive gauche, les autres se noyèrent.

« Le feld-maréchal-lieutenant de Berger resta, avec son officier d'état-major-général, aussi circonspect que calme, et eut, en cette circonstance, son cheval gravement blessé, sur le point où le chemin de Mediglia aboutit à Melegnano, jusqu'au moment où le pont du Lambro était déjà occupé par l'ennemi, c'est-à-dire jusqu'au moment où ses fortes colonnes, s'avançant à la charge, forcèrent à une retraite définitive les divisions autrichiennes, établies à cette hauteur, pour recevoir les troupes repoussées des sections antérieures de Melegnano.

A la sortie du côté de Lodi, le colonel de Nowey qui commandait la réserve principale, avait fait dresser deux pièces d'artillerie par l'artificier Urwalek. Quand les dernières divisions autrichiennes se furent retirées, il laissa approcher l'impétueux ennemi jusqu'à 60 pas, et, par deux coups de mitraille bien dirigés, il fit dans les rangs ennemis des ravages tels, que l'attaque s'arrêta tout court :

» Le colonel profita de ce moment de répit pour rassembler les troupes retirées de Melegnano sous la protection de la première division d'infanterie, prince de Saxe, et des trois compagnies de frontières Szluines qui étaient encore intactes, et pour passer en bon ordre à travers la brigade général major Boer qui l'accueillit.

» La cavalerie qui avait accompagné la brigade Roden, avait été renvoyée, peu de temps après l'attaque, prendre position en arrière de la brigade Boer.

» Celle-ci avait, pendant le combat, occupé la Caza-Bernarda, placé le 3e bataillon de chasseurs sur le fossé qui de la Caza-Bernarda s'étend le long du chemin à Vizzolo, et dressé deux pièces de canon à côté de la ferme.

» Le bataillon de grenadiers du 39e régiment de ligne Dom Miguel formait l'aile droite au village de

Vizzolo où fut encore envoyée une compagnie du 2e bataillon.

» La 6e division de ce régiment fut dirigée sur Riozzo. A gauche de la Caza-Bernarda, les fossés furent comblés par la division de pionniers de la brigade, les arbres coupés et 4 pièces de canon dressées.

» Quand les bataillons de la brigade général major baron Roden eurent traversé la brigade général major Boer, le 1er bataillon du régiment Dom Miguel s'avança pour occuper le centre ; le 3e bataillon et le reste du 2e bataillon composé de 3 compagnies avec 2 pièces de canon furent établis en réserve.

» La retraite ultérieure fut couverte par la brigade Boer : pendant ce temps, la brigade Roden se rassembla en colones de bataillon en arrière de la première.

» L'ennemi suivit immédiatement les dernières divisions de la brigade Roden et s'avança en épaisses chaînes de tirailleurs qui étaient suivies d'autres masses à cheval sur la route. Quand il se fut approché à portée de coup de la position de la brigade Boer, il fut accueilli par 6 bombes à feu et par 4 bataillons qui l'attaquèrent à la baïonnette : l'attaque fut arrêtée sur le coup. Le capitaine Czveits de l'état major du quartier-maître général se distingua à cette occasion par une activité et une bravoure hors ligne. L'ennemi, couvert par les blés et les maisons, appela ses réserves et ouvrit une vive fusillade : d'un autre côté, une batterie établie près de la sortie orientale de Melegnano répondit en même temps à l'artillerie autrichienne.

» Des colonnes ennemies dirigèrent aussi de violentes attaques sur Vizzolo : les divisions du 39e régiment dom Miguel qui y étaient postées, et une compagnie du 2e bataillon du 4e régiment de frontières Szluines qui s'était retirée dans cette direction, leur tinrent bravement tête.

» Le général major Boer qui prêchait constamment de l'exemple de la bravoure en première ligne, fut gravement blessé d'un coup de feu : il succomba encore chemin faisant pour Lodi. Le lieutenant-colonel comte Potting prit à sa place le commandement de la brigade à qui était réservée la tâche d'arrêter l'ennemi jusqu'à ce que la brigade Roden, les caissons de munition et les bagages eussent gagné les devants et que les blessés fussent enlevés. Elle remplit cette mission avec la persévérance la plus glorieuse, en repoussant les attaques répétées de l'ennemi.

» La brigade Roden qui avait soutenu un combat aussi opiniâtre que meurtrier de plus de deux heures, se trouva bientôt, elle, en disposition d'intervenir activement au combat : le brigadier intérimaire colonel de Nowey proposa même au maréchal-lieutenant de Berger, dans le cas où la brigade Boer serait culbutée, d'exécuter une attaque à la baïonnette.

» Sur ces entrefaites, le corps du maréchal Mac-Mahon avait aussi en grande partie exécuté son mouvement tournant. Il avait entendu le tonnerre du canon de Melegnano, et accéléré sa marche autant que le permettaient les difficultés du terrain sur lequel il marchait.

» Le combat de Melegnano venait de finir, lorsque sa tête de colonne arriva au point où sa ligne de marche était croisée par la route de Melegnano à Mulazzano. Il serait donc possible que l'une ou l'autre des divisions dispersées de la brigade Roden tombât sous ses coups.

» D'après la relation autrichienne, une colonne française avec une demi batterie s'était avancée de Dresano par Casal Majocco et Roncolo contre le flanc droit autrichien, et balaya par un feu d'artillerie le point de réunion près d'Osteria Bissone :

Cette version a plus de vraisemblance que la version française.

» C'est contre cette division ennemie qui a pu être l'avant garde ou un poste de coureurs du 2ᵉ corps français que furent envoyés une division du 39ᵉ régiment de ligne dom Miguel et un demi escadron du 1ᵉʳ régiment de hussards empereur François Joseph : ils se rendirent dans la direction de Casal Majocco où fut aussi envoyé peu après le 3ᵉ bataillon de chasseurs.

» L'ennemi, déjà séparé de la route par de grands fossés remplis d'eau, ne put pas aller plus avant, et son feu d'artillerie ne produisit aucun effet.

» Bientôt le mouvement de l'ennemi se dessina de manière à faire reconnaître la nécessité de renoncer à toute résistance ultérieure, et la brigade Boer commença sa retraite au moment où se déchargea un violent orage qui, à lui seul, aurait mis fin au combat.

» L'ennemi ne poursuivit pas plus loin, l'arrière garde n'eut qu'à rendre des coups de feu isolés.

» La retraite s'arrêta à Osteria Bissone pour y recevoir les derniers blessés des deux brigades. A 10 heures de la nuit tout feu cessa.

» Le feld-maréchal lieutenant de Benedek, en

apprenant à Lodi, vers 8 heures du soir, que l'ennemi attaquait, était venu en toute hâte à cheval à Melegnano et rencontra à quelques centaines de pas en avant la queue de la division Berger qui se retirait. Il fit placer un avant-poste de nuit derrière la Muzza et le reste des troupes s'établit, d'après ses ordres, dans un campement convenable.

» Quatre bouches à feu furent dressées près du pont à Travazzano et le 2e bataillon de frontières Szluines, 4e régiment, forma les avant-postes.

» Il nous reste encore à parler du mouvement tournant de la division française Forey. Au moment où la division Bazaine se portait au pas de charge sur Melegnano, le général Forey commença son mouvement tournant dans la direction du village de Cervo en passant par Riozzo.

» Des fossés pleins d'eau et des coupures de terrains arrêtèrent la marche des bataillons, et la division n'arriva sur la route de Melegnano que vers 9 heures et demie, où le feu avait déjà cessé ; elle ne prit donc aucune part au combat.

» Le général Forey fit arrêter ses troupes et reçut ordre d'occuper Melegnano, où il arriva à 11 heures de la nuit.

» La division du 39e de ligne dom Miguel, détachée à Riozzo, avait été serrée de près par un ennemi supérieur et ne fit sa jonction avec la brigade Boer qu'à Travazzano.

» La perte totale subie par les deux brigades autrichiennes était : de 112 tués, dont 1 général et 6 officiers ; de 232 blessés, dont 1 général et 7 officiers ; de 1,114 manquants, dont 10 officiers.

» Des manquants ci-dessus, 100 et quelques rejoignirent plus tard le 11e régiment prince royal de Saxe, un grand nombre avaient été tués et blessés, les autres avaient été faits prisonniers.

» Les Français accusent de leur côté 943 morts et blessés, dont 13 officiers tués et 56 blessés ; mais il est probable que leurs pertes ont été plus grandes.

» Nous ne voulons pas nier que du côté des Autrichiens il n'ait été commis plus d'une faute : les fautes partielles commises dans ce combat expliquent le grand nombre des hommes dispersés et manquants.

« Comme nous avons déjà dit plus haut, un malentendu fit abandonner trop tôt le pont du Lambro, ce qui força un grand nombre d'Autrichiens à se jeter dans la rivière ou à se rendre prisonniers à l'ennemi. Plusieurs commandants de divisions ne reçurent pas à temps l'ordre de retraite; d'autres n'entendirent pas le signal au milieu du tumulte du combat; d'autres, enfin, emportés par leur valeur et leur amour de la gloire, firent une trop longue résistance.

« Un autre désavantage, c'était la jeunesse et l'inexpérience des hommes qui composaient les deux brigades, de même que le manque sensible de sous-officiers de long service, en sorte que, quand il arrivait que quelques officiers tombassent, des pelotons entiers et des demi-compagnies restaient sans chefs. »

Avant de faire quelques réflexions qui nous sont suggérées par la relation précédente de ce remarquable combat, reconnaissons, avec empressement, que les Autrichiens, aux prises avec des forces de beaucoup supérieures, généraux, officiers et soldats, déployèrent, dans cette circonstance, toutes les qualités qui font les vrais héros : la tactique la plus exigeante ne saurait trouver une tache ni à la conception du plan de défense, ni à l'exécution. A Melegnano, les Français trouvèrent des adversaires dignes d'eux.

« Au commencement de la relation ci-dessus, il est dit que l'armée autricienne, étant arrivée en partie sur l'Adda après la bataille de Magenta, avait été arrêtée par son commandant en chef qui méditait un mouvement offensif contre Milan. C'est ce projet d'attaque contre les Français se dirigeant vers le Mincio qui provoque notre étonnement. Comment? l'idée de l'offensive ne vient au général en chef autrichien que lorsqu'il a laissé passer, pendant presque deux mois, les occasions les plus magnifiques de prendre une position active, décidée contre son adversaire? lorque son armée est affaiblie et découragée par la perte d'une grande bataille? lorsqu'elle n'a d'autre base d'opération immédiate que des cours d'eau d'un cube médiocre? lorsqu'il est menacé, à sa droite, par le corps de Garibaldi, à sa gauche, par le 5e corps français? Non, l'idée d'une attaque exécutée sur les Français victorieux à la hauteur de l'Adda n'a pas surgi dans la tête du général Giulay, ou elle n'a été qu'une velléité ; la relation autricienne se trompe.

« D'ailleurs, en admettant que ce projet ait sérieusement existé, toujours est-il qu'il n'a même pas reçu un commencement d'exécution. Dans ce cas, l'état-major autrichien est revenu sur une première résolution, et, alors, nous le voyons retomber dans cet état d'indécision et de tergiversation qui n'a fini que par la perte de la bataille de Solferino.

« Que le dessein des Autrichien ait été de prendre l'offensive contre les Français dans la direction de Milan, ou qu'ils n'aient eu d'autre but que de protéger la retraite du gros de leur armée vers le Mincio, l'acceptation du combat à Melegnano, avec deux brigades, ou plutôt avec une seule brigade, a été un acte de témérité qui n'a pas de nom ; car, en dépit de leurs précautions extrêmes à assurer leur retraite, que serait-il advenu de leurs deux brigades, si le maréchal de Mac-Mahon eût eu le temps d'exécuter son mouvement tournant ?

« La manière dont la défense a été organisée et conduite par les officiers autrichiens à Melegnano, mérite d'être sérieusement étudiée ; elle peut servir d'exemple et de modèle pour des cas analogues.

« Dans l'incertitude où il était sur le nombre des troupes autrichiennes réunies sur le Lambro, le maréchal Baraguey-d'Hilliers organisa son plan en vue d'une grande bataille éventuelle où le maréchal de Mac-Mahon jouerait un rôle analogue à celui qu'il avait rempli d'une manière si brillante à Magenta. Mais, à raison du grand détour que fut obligé de faire le 2e corps dans un terrain peu praticable et du peu de temps qui restait au maréchal Baraguey-d'Hilliers pour exécuter ses ordres,— il devait chasser le jour même les Autrichiens du Lambro, — l'attaque sur Melegnano fut précipitée et la victoire n'eut pas les résultats auxquels on était en droit de s'attendre. Si le maréchal Baraguey eût différé son attaque jusqu'au moment où le 2e corps aurait eu accompli son mouvement tournant, les deux brigades autrichiennes auraient été anéanties ou faites prisonnières. »

OUVRAGES NOUVEAUX. — 1862.

Stratégie maritime à vapeur, du général sir Howard Douglas. Ouvrage traduit de l'anglais, avec permission de l'auteur, par FRANÇOIS-XAVIER FRANQUET, lieutenant de vaisseau en retraite. 1 vol. in-8, cartonné à l'anglaise, avec la planche des 27 figures de la stratégie maritime. . . . . 9 fr.

Expériences de tir faites à Juliers en septembre 1860. Compte rendu offert aux officiers de toutes armes, par G. WEIGLET, capitaine de la brigade d'artillerie de Brandebourg. — Traduit de l'allemand par THÉODORE PARMENTIER, ancien élève de l'Ecole polytechnique, chef de bataillon du génie, officier de la Légion d'honneur, etc., etc. In-8, avec 10 planches, dont 7 vues dessinées d'après les épreuves photographiques. . . . . 12 fr.

Examen de la brochure : Pourquoi l'Autriche a-t-elle été vaincue ? de A. D. A.; suivi de discussions sur quelques-unes des causes de la perte de la bataille de Solférino. Tradult de l'allemand par J. PAULET. In-8. 5 fr.

Rapport au secrétaire d'État de la Guerre sur le résultat des recherches entreprises à Woolwich et à Chatam, sur l'application de l'électricité de différentes sources, à l'explosion de la poudre, par C. WHEASTONE, Esq., F. R. S., professeur de physique expérimentale au collége royal, à Londres, et F. A. ABEL, Esq., F. R. S., chimiste du département de la Guerre. — Traduit de l'anglais par J. F. MARTENET, chef d'escadron d'artillerie. In-8, avec planches. . . . . 5 fr.

Sur la forme de la partie antérieure des projectiles allongés, par W. H. DE ROUVROY, lieutenant général saxon. — Traduit par RIEFFEL, ancien professeur aux Ecoles impériales d'artillerie. In-8. . . . . 2 fr.

Organisation administrative de la marine militaire en Russie. par J. Paulet. In-8. . . . . 2 fr.

Recherches sur l'organisation du corps du génie en Angleterre, par C. Heydt, capitaine à l'état-major du génie. In-8. . . . . 3 fr.

Considérations sur la constitution du fer, de l'acier et de la fonte, et application à la fabrication de l'acier et de la fonte à bouches à feu, par le baron Sobrero, lieutenant général d'artillerie en retraite, de l'Académie des sciences de Stockholm, ancien élève de l'École polytechnique. — Première partie. In-8. 2 fr.

Nouvelles études sur l'arme à feu rayée de l'infanterie, par Guillaume de Plœnnies, lieutenant en premier au 3e régiment d'infanterie de la Hesse grand'ducale. — Traduit de l'allemand par Rieffel, ancien professeur aux Ecoles d'artillerie. 1 vol. in-8, cartonné à l'anglaise, avec 16 planches contenant 98 figures. . . . . 15 fr.

Espagne et Maroc. — Guerre de 1859-1860, par Chauchar, capitaine d'infanterie. 1 vol. in-8° de près de 500 pages et 3 plans, cartonné à l'anglaise, ouvrage tiré à 100 exemplaires, prix. . . . . 12 fr.

Sur la vitesse de translation d'un projectile dans l'âme d'un canon rayé. (Dédié à M. *J. Duhamel, membre de l'Institut.*) par A. Gorlof, capitaine d'artillerie, secrétaire du comité de l'artillerie de Saint-Pétersbourg. In-8° avec planche, prix. . . . . 3 fr.

Les batteries de campagne Autrichiennes à canons rayés, par de Bourson, in-8° avec planche, prix. . . . . 3 fr.

Les navires cuirassés des États-Unis et de l'Angleterre, par Fr. de La Fruston. In-8° avec Planche. Prix. . . . . 3 fr.

La Fortification moderne ou considérations générales sur l'état actuel de l'art de fortifier les places, par le colonel don Émilio Bernaldez. Mémoire couronné au concours de 1859, traduit de l'espagnol, avec autorisation de l'auteur. (*Mémorial de Ingenieros*, T. XV. 1860. 1 vol. in-8°, avec atlas cartonné à l'anglaise, prix. 20 fr.

Le livre du soldat, par Huré, chef d'institution, et J. Picard, de la bibliothèque Sainte-Geneviève. — (Religion et morale. — Notions élémentaires sur la profession et les devoirs du soldat. — Lecture. — Écriture et grammaire. — Arithmétique. — Poids et mesures. — Chant. — Géographie. — Histoire sainte. — Histoire des différents peuples et pays. — Histoire de France. — Portraits militaires et maritimes de la France. — Appendice aux portraits militaires et maritimes.) Cartes et planches dans le texte. 1 vol. in-12 Jésus, petit texte, de 620 pages, cartonné à l'anglaise, prix. 6 fr.

Coup d'œil sur les races chevalines françaises, par E. TESTARODE, in-8° avec une belle carte hippique, prix . . . . 3 fr.

Le micromètre Lugeol, par DE TURBERSAC, in-8° avec planches. . . . . 3 fr.

Télomètre ou digresseur servant à estimer la distance du projectile au but, par DE LA FRUSTON, in-8° avec pl. 3 fr.

Organisation et composition de l'armée russe, au commencement de l'année 1862, par M. R. DE BRIX, lieutenant en 1er au régiment prussien de hulans de Silésie (n° 2); trad. de l'allemand par E. HEYDT, lieutenant au 2e régiment d'artillerie, in-8°, prix. . . . . 5 fr.

Recherches sur l'organisation du corps du génie en Italie, par C. HEYDT, capitaine du génie, inspecteur des études à l'École Polytechnique, in-8°, prix. . . 4 fr.

Recherches sur l'organisation du corps du génie en Russie, par C. HEYDT, capitaine du génie, inspecteur des études à l'École Polytechnique, in-8°, prix. . . 4 fr.

SOUS PRESSE :

Instruction pratique pour l'usage du Pendule balistique à induction, par MARTIN DE BRETTES, chef d'escadron d'artillerie et professeur de sciences appliquées à l'École d'artillerie de la garde impériale. In-8, cartonné à l'anglaise, avec trois planches et tables pour le calcul du parcours d'un arc quelconque de 1° à 150° . . . . 15 fr.

Sur le mouvement et la dérivation des projectiles oblongs, par M. le lieutenant en 1er RUTZKI, traduit de l'allemand, avec l'autorisation de l'auteur, par M. RIEFFEL, ancien professeur aux Écoles impériales d'artillerie. . . . .

Artillerie de campagne rayée, système Lahitte, par le lieutenant-colonel RUSTOW, traduit de l'allemand, avec l'autorisation de l'auteur. 1 vol. in-8°, avec atlas in-folio cartonné à l'anglaise, prix. . . . . 25 fr.

AVIS.

MM. les auteurs de tous ouvrages, inventions ou perfectionnements qui se rapportent aux *sciences militaires ou navales* en général, ou aux sciences des *armes spéciales*, sont priés de faire parvenir un exemplaire à M. Corréard, éditeur, Paris, Place Saint-André-des-Arts, 3.

MM. les éditeurs et libraires d'ouvrages de science militaire et navale sont priés d'envoyer des exemplaires à la même adresse.

Il sera rendu de l'ouvrage reçu un compte impartial et aussi détaillé que le comporte l'importance du sujet traité, soit dans le *Journal des sciences militaires*, soit dans le *Journal des armes spéciales*.

Imprimerie de E. Dépée, à Sceaux (Seine).

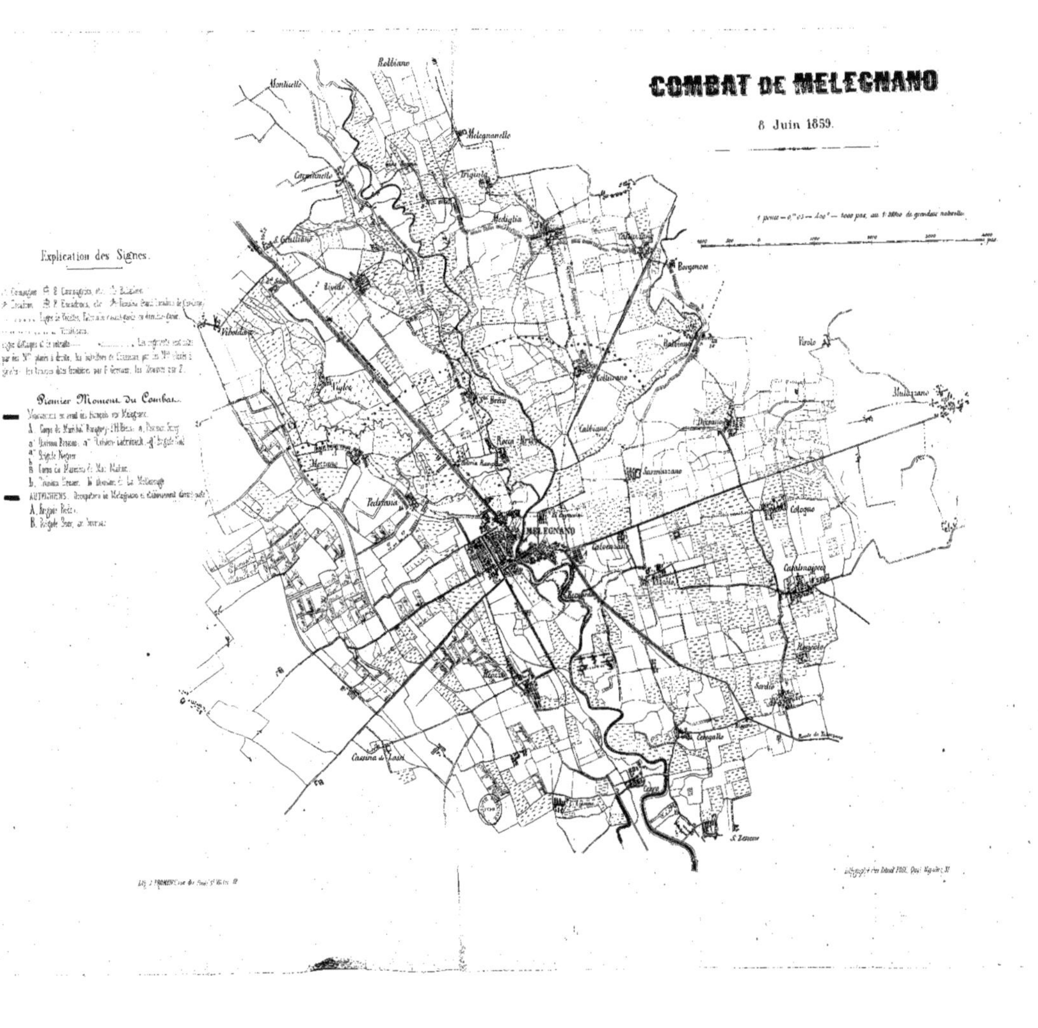

COMBAT DE MELEGNANO
8 Juin 1859.
Explication des Signes.
Premier Moment du Combat.
MELEGNANO
Robbiano
Monticello
Melegnanello
Triginto
Mediglia
Borgonove
Viboldone
Virolo
Mulazzano
Colturano
Rocca Brivio
Pedriano
Cologno
Sarmazzano
Cassina de Tosi
S. Zenone

www.ingramcontent.com/pod-product-compliance
Ingram Content Group UK Ltd.
Pitfield, Milton Keynes, MK11 3LW, UK
UKHW022143190726
13855UKWH00003B/1306

9 782013 025751